REMBOURSEMENT

DES 45 CENTIMES

DE L'IMPOT

———◆———

PARIS.

CHEZ TOUS LES MARCHANDS DE NOUVEAUTÉS.

—

1849

REMBOURSEMENT

DE

L'IMPOT DES 45 CENTIMES.

Le décret du Gouvernement provisoire du 16 mars 1848, portant création d'un impôt extraordinaire de 45 centimes, a profondément ému et agité le pays. Mais, il faut le dire, parce que c'est la vérité, cet impôt a été indignement exploité contre la République, par les partisans des régimes déchus, qui se sont bien gardés de faire connaître dans quel état déplorable la monarchie de Juillet a laissé les finances de l'Etat au moment où la révolution de Février a éclaté.

Voici quelle était la situation que léguait à la France cette monarchie basée sur l'égoïsme et la corruption de ses partisans intéressés.

La monarchie de Louis-Philippe avait dévoré 328 millions des Caisses d'épargne, 365 millions de bons du Trésor, avec les fonds divers immobilisés au Trésor.

La dette flottante au 24 février était de 960,371,596 francs.

Les découverts ou les déficits antérieurs s'élevaient environ à 1,303 millions, qui étaient exigibles au moment où cette monarchie fut renversée par le souffle populaire.

Pour faire face à ces terribles nécessités, les caisses de l'Etat étaient dans l'état suivant, le 24 février au soir : 8 millions en numéraire dans les caisses du Trésor, 127 millions déposés à la Banque. Il y avait des effets et des traites en portefeuille, mais qui ne pouvaient être facilement recouvrés. En outre, l'armée était désorganisée, il n'y avait pas 60,000 hommes à mettre en ligne, en cas de guerre, et il fallait acheter 30 à 40,000 chevaux pour remonter notre cavalerie.

La plupart des maisons de banque, même les plus puissantes, étaient ébranlées; plusieurs, dont on pourrait citer les noms, étaient à la veille d'entrer en liquidation.

On courait de toutes parts aux Caisses d'épargne pour retirer les fonds déposés ; les villes et les particuliers demandaient le remboursement des fonds placés à la Caisse des dépôts et consignations.

D'un autre côté, les fournisseurs de l'Etat réclamaient les sommes qui leur étaient dues, en menaçant de jeter douze ou quinze mille ouvriers sur le pavé de Paris, si on ne les payait pas. En même temps, les débiteurs du Trésor, les marchands de bois, les douanes se refusaient à payer. Les impôts indirects étaient contestés, presque partout il y avait une crise politique et commerciale. En outre, il fallait faire vivre cent cinquante à deux cent mille ouvriers qui étaient sans ouvrage sur le pavé de Paris.

Telle était la situation générale à laquelle devaient faire face les membres du Gouvernement provisoire.

C'est alors qu'il se décida pour la mesure de l'impôt des 45 centimes, qui devait frapper sur les classes peu aisées de la société , au lieu de demander des sacrifices aux classes riches , et surtout à ceux qui avaient réalisé des bénéfices énormes sous la monarchie de Juillet.

Maintenant que cet impôt a été perçu en très grande partie , quoique frappé dans le début d'une grande impopularité , il est naturel que des hommes généreux, amis de leur pays, aient cherché à trouver les moyens de soulager les malheureux contribuables écrasés sous le fardeau des charges qui leur ont été imposées.

Dans les séances des 22 et 23 mai 1848, plusieurs représentants, les citoyens Lavallée, Babaud-Laribière, Duplan, etc., firent inutilement des efforts pour obtenir des adoucissements à cet impôt si lourd pour les populations; mais la majorité de l'Assemblée nationale refusa de leur donner raison.

Toutefois, une minorité imposante ne crut pas devoir sanctionner par son vote l'impôt des 45 centimes.

Dans la séance du 13 mars 1849 , le citoyen Chavoix , représentant de la Dordogne , déposa sur le bureau du président de l'Assemblée nationale une proposition pour obtenir le remboursement de l'impôt des 45 centimes en rentes 3 et 5 0/0. La discussion de cette proposition fut mise à l'ordre du jour vers le 20 mars suivant; mais elle ne put pas venir en discussion à la tribune , à cause de l'abondance des matières. Alors l'auteur de cette proposition résolut de la formuler en un amendement au chapitre 4 du budget des finances. La discussion de cet amendement a eu lieu dans la séance du 12 avril 1849 , avec des incidents qui ont fait de cette séance une des plus animées et des plus intéressantes de la session.

Nous allons en donner le résumé d'après le *Moniteur* du 13 avril 1849.

Le citoyen président. Sur le dernier chapitre (chapitre IV), M. Chavoix a présenté un amendement ainsi conçu :

« Les sommes payées pour l'impôt des 45 centimes seront remboursées aux contribuables de la manière suivante :

» Les sommes de 100 fr. et au dessus en rentes 5 0/0 ;

» Toutes les autres en titres collectifs de rentes 5 0|0.

» Les titres de rentes seront délivrés au cours moyen des fonds publics pendant les trois premiers mois de 1849, avec jouissance à partir du 22 mars. »

M. Chavoix a la parole.

Le citoyen Chavoix. Citoyens représentans, je vous prie d'accorder quelques instans de bienveillante attention aux courts développements que j'ai à vous soumettre en faveur de mon amendement.

La question du remboursement de l'impôt des 45 centimes a été posée devant le pays ; elle doit être discutée consciencieusement à cette tribune. J'avais déposé il y a quelques mois une proposition spéciale sur cette question ; elle a été l'objet d'un rapport qui a été fait par l'honorable M. Fould au nom du comité des finances, rapport sur lequel j'aurai l'occasion de m'expliquer en quelques mots.

Mon amendement n'a pas d'autre but que de porter un remède à la stagnation désolante des affaires, et de cicatriser une des plaies les plus douloureuses qui aient été faites à la révolution de Février. Je crois qu'on peut atteindre ce double résultat sans grever considérablement le trésor public.

Je n'ai pas l'intention de réveiller des souvenirs irritants ; je n'examinerai pas si l'impôt des 45 centimes a été établi dans des limites convenables à une époque de crise et de tourmente révolutionnaire ; si, comme l'a reconnu M. le ministre des finances lui-même, on aurait pu donner à l'impôt demandé une forme qui l'aurait rendu moins lourd pour certains départements et pour certaines communes. J'accepte les faits accomplis et je prends la situation au point où elle se trouve aujourd'hui.

L'état actuel de nos départements est à peu près celui-ci : Les transactions commerciales et privées sont presque nulles, parce que le numéraire manque ; les denrées et les bestiaux se vendent mal ; le froment vaut de 12 à 15 fr. l'hectolitre, le vin de 6 à 10 fr. Si l'on ne trouve pas un moyen de porter remède à cette situation, dont la cause remonte aux dilapidations que la monarchie déchue avait commises dans les finances, le mal s'aggravera de plus en plus, et la fortune publique comme les fortunes privées en ressentiront de fatales atteintes.

Je vous demande la permission de résumer en peu de mots les objections qui ont été faites au système que je voudrais faire prévaloir par l'adoption de mon amendement.

On a dit : L'impôt des 45 centimes est rentré en grande partie ; on obligera les retardataires à payer ce qu'ils doivent encore ; peu importe que cet impôt ait fait du bien ou du mal à la République ; l'impôt a frappé tout le monde : il n'y a pas à revenir là-dessus.

C'est par des raisonnements semblables que des ministres anglais défendaient autrefois leurs budgets ; ils disaient que les impôts ne sauraient être trop forts ; ils prétendaient que si on ôtait à chacun la moitié de son bien, le rapport entre les fortunes restant le même, personne ne serait appauvri. Si une maison, disaient-ils, s'enfonçait d'un étage ou deux en gardant son niveau, elle n'en serait que plus solide. Un écrivain célèbre de ce temps-là répondit aux hommes d'Etat qui tenaient ce langage : « Ce serait bien pour vous qui habitez le haut de la maison; mais nous qui habitons les bas étages, si la maison s'enfonçait, nous serions enterrés, monseigneur. »

Je soutiens que cet écrivain, Wakefield, avait raison. Mais nous, sous une République démocratique, nous devons faire ce qui n'a pas été fait jusqu'à ce jour; nous devons nous occuper du peuple, qui habite les bas étages de la société, et je soutiens encore que c'est le peuple qui a le plus souffert de l'impôt des 45 centimes.

On a fait un autre reproche à mon amendement : on a dit qu'il menaçait l'équilibre de nos finances; qu'il rendrait plus difficiles des emprunts à contracter; qu'il précipiterait le trésor vers la banqueroute; qu'il ramènerait le régime des assignats.

J'avoue que j'ai peine à comprendre comment 10 à 11 millions, y compris l'amortissement, ajoutés à notre dette consolidée, pourront amener les résultats funestes que l'on a voulu attribuer à mon amendement.

Je crois, au contraire, qu'en remettant entre les mains des travailleurs les sommes qu'ils ont payées par l'impôt des 45 centimes, vous ranimeriez le travail, la confiance, vous feriez renaître le crédit; je crois qu'alors les impôts de toute nature rentreraient mieux au Trésor.

En outre, en adoptant mon amendement, vous fermeriez la bouche aux détracteurs de la révolution de Février, vous enlèveriez aux ennemis de la République l'arme la plus dangereuse qu'ils aient employée pour la combattre.

Si mon amendement est adopté, comme je le désire vivement, j'ignore s'il aura pour résultat d'amener la hausse ou la baisse à la Bourse; mais ce résultat, quel qu'il puisse être, ne serait que momentané. D'ailleurs, je ne mettrai jamais en parallèle les intérêts des joueurs à la hausse ou à la baisse avec l'intérêt des millions de contribuables qui ont souffert et souffrent encore par la perception des 45 centimes. (Très bien !)

Quant à notre situation financière, vous savez qu'on nous la dépeignait comme très grave il y a quelques mois, ce que je n'ai jamais cru pour mon compte; mais vous n'avez pas oublié que, dans la séance du 17 mars dernier, M. le ministre des finances a fait passer sous vos yeux un tableau beaucoup plus rassurant concernant cette situation. Toutefois, comme il est probable qu'il faudra encore recourir aux emprunts, il est évident pour moi que les hommes de Bourse, les *loups-cerviers*, comme on les appelait sous le régime déchu, ont intérêt à exagérer les dangers de cette situation pour conclure des emprunts à des conditions plus avantageuses pour eux.

Quoi qu'on puisse dire, la France est encore le pays qui offre le plus de garantie aux prêteurs, c'est le pays où il y a le plus de numéraire en circulation.

En adoptant mon amendement, la dette publique ne s'élèvera pas à 6 milliards, tandis que la dette de l'Angleterre était, au 1er janvier 1847, de vingt milliards quatre-vingt-dix-neuf millions, sans y comprendre les bons de l'échiquier.

Je sais bien qu'il n'y a pas de patriotisme dans les écus, comme on dit ; mais ce que je crois parfaitement, c'est que les spéculateurs n'iront pas choisir les marchés de l'Italie, de la Prusse, de l'Allemagne, de l'Autriche, pour y placer des capitaux, parce que ces pays, plus fortement travaillés que le nôtre par la fièvre révolutionnaire, sont loin d'offrir les mêmes garanties que la France. La preuve de ce que je dis se réalise tous les jours, puisqu'on voit les fonds étrangers affluer par sommes assez fortes sur le marché de la Bourse.

Enfin on a fait un dernier reproche à mon amendement, c'est de manquer son but ; on dit : Les cultivateurs, les habitants de la campagne n'aiment pas les titres de rentes ; ils ne les connaissent pas, et si vous leur donniez des valeurs qui vinssent à baisser, ils diraient qu'ils ont été trompés. Je croyais que les honorables membres qui m'adressent ce reproche avaient quelque moyen à proposer pour venir au devant des contribuables qui sont écrasés sous le fardeau des impôts ; mais non, ils ne veulent accorder de bonifications d'aucune espèce. Aussi, entre le système de mon amendement qui apporterait un soulagement réel, certain, au sort des contribuables, et les idées de mes adversaires, je doute fort que les contribuables donnent la préférence à l'arithmétique de mes honorables contradicteurs.

Pour terminer les raisonnements que j'ai à soumettre à l'Assemblée, permettez-moi de vous citer un précédent financier qui m'a paru tout-à-fait identique au système de mon amendement. J'espère qu'il pourra rallier à ce système plusieurs convictions qui auraient pu lui être contraires dans cette enceinte. Je le prends dans notre propre histoire ; il offre d'ailleurs une analogie parfaite avec l'impôt des 45 centimes.

Une ordonnance de Louis XVIII, du 16 août 1815, prescrit la levée d'une contribution extraordinaire de 100 millions.

Le citoyen Manuel. C'était un emprunt forcé, ce n'était pas un impôt !

Le citoyen Chavoix. Je vous remercie de l'interruption, car je vais prendre le texte même de l'ordonnance ; à moins que le Bulletin des lois ne soit pas exact, en voici le titre :

« Ordonnance du 16 août 1815, qui prescrit à titre de réquisition de guerre une contribution extraordinaire de 100 millions, dans les proportions déterminées pour chaque département. »

Le citoyen Manuel. Ce n'était pas une contribution générale ; elle frappait spécialement sur les individus.

Le citoyen Chavoix. Je remercie encore l'honorable interrupteur ; je vais lui prouver par la législation subséquente que ce que je disais était la vérité.

Voici l'art. 5 de cette ordonnance :

« La charge extraordinaire dont il s'agit, sera provisoirement supportée par les principaux capitalistes, patentables et propriétaires de chaque département. »

Le citoyen ministre des finances. Précisément.

Le citoyen Chavoix. Bien.

« Art. 6. Il sera statué par le pouvoir législatif, à la prochaine session des deux chambres, sur le mode d'une réparation définitive de cette contribution de guerre, et du remboursement des sommes qui auraient été payées au-delà du contingent définitif. »

C'est au reste ce qui est dans les considérants, mais cela prouve que cette perception était une contribution extraordinaire ; je vous défie de trouver autre chose dans l'ordonnance.

La loi du 28 avril 1818 dit, art. 9 :

« La réquisition de guerre levée extraordinairement en vertu de l'ordonnance du 16 août 1815, sera remboursée de la même manière que la dette arriérée. »

Voici une législation qui intervient ; c'est ce que je viens demander de faire pour l'impôt des 45 centimes ; mais je maintiens en principe que l'impôt de 1815 était bien une contribution extraordinaire, précisément comme l'impôt des 45 centimes. Voici l'ordonnance du 29 mars 1816 ; cette ordonnance renferme tout le système que j'ai l'honneur de développer devant vous. Elle porte :

« La réquisition est levée en exécution de notre ordonnance du 16 août 1815, faisant, aux termes de l'art. 9 du titre III de la loi du 28 avril 1816, partie de la dette arriérée, le remboursement en sera effectué dans les mêmes valeurs que ci-dessus, sur des ordonnances du ministre des finances, et après une liquidation qui sera opérée de la manière suivante. »

Je vous prie, citoyens, de vouloir bien accorder votre attention à ce que je vais avoir l'honneur de vous lire :

« Art. 11. Les contribuables seront divisés en deux classes : la première sera composée de ceux qui, comme principaux capitalistes, patentables et propriétaires, ont été taxés spécialement sur des listes arrêtées par les autorités locales.

» On comprendra dans la deuxième classe tous les individus taxés au centime le franc de leurs contributions directes par l'effet d'une répartition générale.

» Art. 12. Les contribuables de la première classe indistinctement, ainsi que ceux de la seconde dont les taxes sont de 1,000 fr. et au-dessus, qui voudront obtenir leur remboursement, seront tenus de produire à la préfecture de leur département leur quittance finale, indicative de leurs noms et prénoms, signée du percepteur et visée des maire et sous-préfet.

» Il en sera, par les soins de chaque maire et de chaque préfet, dressé des listes qui seront adressées, avec les quittances à l'appui, à notre ministre des finances, et transmises, avant d'être ordonnancées, au comité de révision institué par notre ordonnance du 14 octobre 1814.

» Art. 13. Les contribuables de la deuxième classe, pour les taxes au-dessous de 1,000 fr., seront liquidés collectivement.

» Les préfets feront dresser des listes indicatives des sommes payées par chaque commune; ces listes seront également adressées à notre ministre des finances, et soumises au comité de révision.

» Art. 14. Le produit des liquidations collectives sera acquitté en rentes, ou reconnaissances de liquidation, au nom du maire de chaque commune, avec faculté d'aliéner, pour en répartir le prix, de l'avis du conseil municipal, à qui de droit. »

La loi du 25 mars 1817 s'exprime ainsi :

« Art. 1er. Les dispositions relatives au payement de l'arriéré antérieur à 1816, contenues dans les art. 12, 13 et 14 de la loi du 28 avril dernier, continueront d'être exécutées avec les modifications et compléments ci-après :

» Art. 2. Les reconnaissances de liquidation qui ont été ou qui seront délivrées aux créanciers de l'arriéré, conformément aux articles ci-dessus mentionnés, seront négociables et payables au porteur, tant pour le principal que pour les intérêts.

» Art. 3. Lesdites reconnaissances seront remboursées intégralement, à commencer de l'année 1821, et par cinquième, d'année en année. Les cinq séries seront déterminées par le sort.

» Ces remboursements se feront en numéraire, et, à défaut, en inscriptions de rente au cours moyen des six mois qui auront précédé l'année du remboursement.

» Néanmoins, les créanciers conserveront la faculté de faire inscrire immédiatement au grand livre de la dette publique, le montant de leur créance pour sa valeur nominale. »

L'ordonnance du 2 avril 1817 contient l'article suivant :

« Art. 7. Les porteurs de reconnaissances de liquidation qui useront de la faculté stipulée par le dernier paragraphe de l'art. 8 de la loi du 25 mars dernier, de les convertir en inscriptions de 5 0/0 consolidés, seront tenus de les rapporter à la direction de la dette inscrite, avec les coupons non échus. »

L'ordonnance du 20 décembre 1820 est ainsi conçue :

« Art. 1er. Le 30 décembre courant, il sera procédé à la désignation, par le sort, du premier cinquième des reconnaissances de liquidation, en suivant la forme réglée par notre ordonnance du 2 avril 1817. »

La loi du 8 mars 1821 s'exprime ainsi :

« Art. 2. Le remboursement du premier cinquième des reconnaissances de liquidation aura lieu, à compter du 22 mars 1821, en numéraire, ou, au choix des porteurs, en annuités payables en six années.

» Art. 3. Le ministre des finances est autorisé à émettre, jusqu'à concurrence de la somme de soixante millions, des annuités remboursables à raison de dix millions par an, en six années, de 1821 à 1826. »

Enfin, l'ordonnance du 10 février 1822 s'exprime ainsi :

« Art. 1er. Les intérêts afférents aux cinquièmes, devenus remboursables en numéraire, sur les ordonnances délivrées pour l'arriéré de

1810 à 1815, continueront d'être acquittés jusqu'au jour du payement des ordonnances. »

D'après ce qui précède, citoyens représentants, je vous demande ce que deviennent les objections de l'honorable M. Fould, lorsque, dans son rapport, il s'exprime ainsi :

« Pour obvier à cette difficulté, M. Chavoix propose de créer pour les communes des titres collectifs de rentes. Il suffit d'indiquer ces détails pour faire comprendre la complication, et même l'impossibilité des moyens d'exécution. »

Or, je viens de vous démontrer par des lois et des ordonnances, que ce que M. Fould déclare, au nom du comité des finances, compliqué et complètement impossible, a été accompli dans les mêmes termes que j'ai l'honneur de proposer par mon amendement.

Ce n'est pas d'ailleurs le seul point sur lequel je sois en dissentiment avec les termes du rapport, car dans un autre passage, M. Fould a l'air de regretter les réductions que nous avons opérées sur l'impôt du sel, et il redoute de voir attaquer l'impôt sur les boissons. Eh bien ! j'espère, malgré ces craintes, qu'avant longtemps nous obtiendrons l'abolition complète de l'impôt du sel, et il faut espérer, grâce aux efforts de plusieurs membres de cette Assemblée, auxquels je joindrai les miens, que nous obtiendrons une large diminution, sinon l'abolition complète, de l'impôt sur les boissons.

Ainsi donc, je le répète, citoyens, l'analogie entre les deux époques de 1815 et 1848, sous le rapport financier, est très grande. En 1815, la Restauration, éprouvant de graves embarras financiers, frappe le pays d'une contribution extraordinaire qui produit cent millions. En 1848, le Gouvernement provisoire, au milieu des difficultés immenses dont on ne lui a pas tenu assez compte, frappe le pays d'une contribution extraordinaire qui produit environ 170 millions.

Je n'ai qu'un mot à dire en terminant.

Voulez-vous faire, en 1849, sous la République, moins pour les contribuables, c'est-à-dire pour le peuple, en définitive, que n'a fait la Restauration en 1815? C'est ce que vous allez décider par l'adoption ou par le rejet de mon amendement. (Très bien ! très bien ! approbation à gauche.)

Après ce discours, le citoyen Passy, ministre des finances, repousse, au nom du gouvernement, l'amendement du citoyen Chavoix, en soutenant qu'il n'y a pas d'analogie entre les deux impôts de 1815 et de 1848, et il conclut, en déclarant que dans le cas où il faudrait établir une nouvelle contribution extraordinaire, il ne faut pas créer de précédents fâcheux par le remboursement de l'impôt des 45 centimes.

Le citoyen Saint-Romme (Isère) appuie énergiquement l'amendement du citoyen Chavoix. Il démontre que l'impôt des 45 centimes a frappé sur le principal et sur les centimes additionnels des départements les plus pauvres. Les départements les plus riches ont été ménagés ; les plus malheureux ont été frappés outre mesure ; donc, le principe de l'égalité de l'impôt a été violé. L'orateur conclut en di-

saut que le remboursement proposé par le citoyen Chavoix ne *sera*
qu'une juste restitution.

Le citoyen Goudchaux, rapporteur-général du budget, combat à la fois les opinions émises par le citoyen Chavoix et par le citoyen Saint-Romme, et il refuse de donner son adhésion à la mesure proposée.

Le citoyen Chavoix demande la parole pour répondre aux assertions du citoyen Passy, ministre des finances, et du citoyen Goudchaux; mais il est interrompu par les cris : *la clôture! la clôture!* qui partent surtout du côté droit de l'Assemblée.

Alors, se tournant vers ce côté et s'adressant aux interrupteurs, il leur dit :

« Quand vous crieriez encore plus *la clôture*, vous n'empêcherez pas que la question est posée devant le pays, et qu'il faudra lui donner un jour une solution. »

Le citoyen Chavoix réfute ensuite les principales objections du citoyen ministre des finances et du citoyen Goudchaux.

Le citoyen président donne une nouvelle lecture de l'amendement du citoyen Chavoix.

Le citoyen Flocon demande la parole pour présenter un sous-amendement. Il déclare qu'il a considéré toujours l'impôt des 45 centimes comme un emprunt, et qu'il a toujours pensé que la République serait l'établissement d'un gouvernement qui chercherait à dégrever les charges des contribuables au lieu de les augmenter.

Le citoyen Duclerc répond au citoyen Flocon, et il cherche à justifier l'établissement de l'impôt des 45 centimes dont son ami le citoyen Garnier-Pagès a assumé la responsabilité dans une précédente séance, en disant aussi qu'il ne fallait pas les rembourser.

Analysant ensuite les ressources financières de la France, l'orateur s'exprime ainsi :

« Il y en avait de plusieurs sortes. La banqueroute d'abord. Elle a été proposée... » (Mouvement général.)

A ce moment, l'orateur est vivement interpellé par les citoyens Lefrançois, Schœlcher, Ledru-Rollin : ce dernier le somme de déclarer par qui la banqueroute a été proposée.

Le citoyen Duclerc répond au citoyen Ledru-Rollin qu'il ne l'accuse pas d'avoir proposé la banqueroute, mais la création d'un papier-monnaie.

Le citoyen Ledru-Rollin, dans une brillante improvisation, repousse les accusations dirigées contre lui. Il termine en adjurant le citoyen Duclerc de déclarer le nom de celui qui a proposé au gouvernement provisoire de décréter la banqueroute.

Le citoyen Duclerc lui répond qu'il n'a pas entendu lui attribuer cette proposition, mais il refuse de faire connaître l'auteur de cette proposition.

Les citoyens Marie, Crémieux, Flocon se lèvent pour répondre au citoyen Duclerc.

Le citoyen Perrée déclare que c'est une infamie que de mettre sur le compte des Républicains une proposition faite par un conservateur.

Le citoyen Goudchaux résume la discussion générale, en sa qualité de rapporteur du budget.

Le citoyen président. Je dois annoncer à l'Assemblée que, sur l'amendement de M. Chavoix, il a été proposé une nouvelle rédaction par M. Flocon, rédaction à laquelle se rallie M. Chavoix.

Je vais en donner lecture :

« L'impôt extraordinaire des 45 centimes décrété pour l'année de 1848, est considéré comme un emprunt, et sera remboursé, à dater du 1er janvier 1849, dans le laps de six ans, par remises proportionnelles sur l'impôt annuel. »

Le citoyen Lavallée, auteur d'un sous-amendement, déclare se réunir à cette rédaction.

Le citoyen Goudchaux combat cette rédaction ; il fait la critique des résistances injustes qui ont été opposées à la perception de l'impôt des 45 centimes ; il cite l'exemple du propriétaire d'un château, qui devait 4,000 francs d'impôts, qui ont été payés avec le prix de trois ou quatre tableaux vendus sur la place publique. Il déclare que la proposition de M. Chavoix n'a d'autre inconvénient que de charger le grand-livre de 11 millions, et que le grand-livre pourrait le supporter. Mais il ne peut pas donner son adhésion à cette mesure.

La discussion s'engage de nouveau sur l'assertion du citoyen Ducierc, au sujet de la proposition de banqueroute.

Le citoyen Duclerc donne quelques nouvelles explications, sans prononcer le nom de l'auteur de cette odieuse proposition.

Le citoyen Dupont (de l'Eure) déclare sur l'honneur, comme président du gouvernement provisoire, que jamais, quoiqu'il ait assisté très régulièrement à toutes les séances, jamais le mot de banqueroute n'a été prononcé.

Le citoyen président donne une nouvelle lecture de l'amendement dont il a été déjà question.

Un grand nombre de membres de la gauche demandent le scrutin de division sur cet amendement.

Mais plus de quarante membres de la droite réclament le scrutin secret.

L'Assemblée procède au scrutin secret sur la question préalable relativement à l'amendement de MM. Chavoix et Lavallée.

Nombre des votants.	533
Majorité absolue.	267
Boules blanches (pour l'adoption).	414
Boules noires (contre).	119

L'assemblée a adopté la question préalable.

L'Assemblée nationale n'ayant pas cru devoir examiner à fond cette question importante du remboursement de l'impôt des 45 centimes, elle revient naturellement devant le pays.

C'est au peuple qu'il appartient aujourd'hui de se prononcer

par le choix de ses représentants , s'il veut ou s'il ne veut pas le
remboursement de l'impôt des 45 centimes.

Nous complétons ce travail par la publication des noms des
représentants qui ont voté au scrutin contre la question préalable
et pour le remboursement de l'impôt des 45 centimes.

Alem-Rousseau (Gers) , Amédée Bruys (Saône-et-Loire) , Arnaud
(Var), Antoine (Moselle), Astouin (Bouches-du-Rhône), Etienne Arago
(Pyrénées-Orientales), Auguste Mie (Dordogne), Azerm (Haute-Ga-
ronne) ;

L. Brard (Charente-Inférieure), Benoît (Rhône), E. Baune (Loire),
Boubée (Gers), Babaud-Laribière (Charente), Isidore Buvignier (Meu-
se), Barthélemy (Bouches-du-Rhône), Bertholon (Isère) , Edmond
Baune (Var), Brives (Hérault) ;

Carlos-Forel (Vosges), Cary (Pas-de-Calais), Cénac (Hautes-Pyrénées), V. Considérant (Loiret), Aug. Clément (Isère), Calès (Haute-
Garonne), Chavoix (Dordogne) ;

Ducluzeau (Dordogne), Doutre (Rhône), Charles Dain (Guadeloupe),
Détours (Tarn-et-Garonne), Deville (Hautes-Pyrénées), Dubarry (Hau-
tes-Pyrénées), Durand-Savoyat (Isère), Dupont de Bussac (Charente-
Inférieure), Baugier (Deux-Sèvres), Blot (Deux-Sèvres), Ducoux (Loir-
et-Cher) , Delbets (Dordogne), Démosthène-Ollivier (Bouches-du-
Rhône), Demortreux (Calvados) ;

Elzéar Pin (Vaucluse) ;

Fawtier (Bas-Rhin), Fargin-Fayolle (Allier), Fleury (Indre), Flocon
(Seine), Félix-Pyat (Cher) ;

Greppo (Rhône), Gaudin (Charente-Inférieure), Gambon Ferdinand
(Nièvre), Guizard (Corrèze), Guinard (Seine), Gounon (Gers), Alphonse
Gent (Vaucluse), Lucien Guigues (Var) ;

Joigneaux (Côte-d'Or), Jeandeau (Saône-et-Loire), James Demontry
(Côte-d'Or), Joly père (Haute-Garonne), Joly fils (Aude) ;

Labrousse (Lot), Latrade (Corrèze), Ledru-Rollin (Seine), Lebaril-
ler (Calvados), Lasteyras (Puy-de-Dôme), Lavallée (Charente) ;

Martin-Bernard (Loire), Martin-Rey (Saône-et-Loire), Morhéry (Cô-
tes-du-Nord), Mulé (Haute-Garonne), Mathey (Saône-et-Loire), Félix
Mathé (Allier), Ménand (Saône-et-Loire), Auguste Médal (Aveyron) ;

Pleignard (Vienne), Pelletier (Rhône), Agricol Perdiguier (Seine),
Pégot-Ogier (Haute-Garonne), Pascal d'Aix (Bouches-du-Rhône), Pé-
nières (Corrèze) ;

Renaud (Isère), Théodore Raynal (Aude), Reverchon (Saône-et-
Loire), Rollinat (Indre), Ronjat (Isère), Robert (Yonne), Renou (Charente-Inférieure), Reynaud-Lagardette (Vaucluse);

Saint-Gaudens (Basses-Pyrénées), Signard (Haute-Saône), Germain
Sarrut (Loir-et-Cher), V. Schœlchœr (Martinique) , Saint-Romme
(Isère);

Target (Charente-Inférieure), Antony Thouret (Nord), Tamisier
(Jura), Terrier (Allier).

Liste des votes des représentants de la Dordogne dans la question du remboursement de l'impôt des 45 centimes.

Ont voté contre la question préalable et pour le remboursement de l'impôt des 45 centimes :

Les citoyens

Chavoix.
Delbets.
Ducluzeau.
Mie (Auguste).

———

Ont voté pour la question préalable et contre le remboursement de l'impôt des 45 centimes, ou se sont abstenus :

Les citoyens
Barailler.
Dézeimeris.
Dusolier.
Dupont (Auguste),
Grolhier-Desbrousses.
Goubie.
Lacrousille (Amédée),
Savie.
Taillefer.

PARIS. — IMPRIMERIE ÉD. PROUX ET Cᵉ, RUE NEUVE-DES-BONS-ENFANTS, 3.

PARIS. — IMPRIMERIE ÉDOUARD PROUX ET Cᵉ, RUE NEUVE-DES-BONS-ENFANS, 3.